ICH BIN GENUG, WERTVOLL, STARK & ZAUBERHAFT!

Dein tägliches Mantra

Über die Autorin

Astrid Schneider ist Amazon-Bestseller-Autorin, Coach und Trainerin für hochsensible Kinder sowie Expertin für Selbstliebe, Beziehungen und Burnout Prävention. Mit ihren Impulsen und Strategien unterstützt sie Kinder und Erwachsene in Krisen sowie stürmischen Situationen und zeigt ihnen ihr wahres Potenzial auf.

Weit über 50 Bücher aus unterschiedlichen Genres stammen aus ihrer Feder.
Sie liebt es, Menschen mit ihren Worten zu berühren, zu verzaubern oder zu motivieren. Am liebsten schreibt sie Kinderbücher, in denen sie wertvolle Botschaften über Gefühle, Achtsamkeit, Freundschaft, Zusammenhalt und Mut positioniert.

Als Ghostwriterin schreibt sie Romane oder Biografien für Verlage und Prominente und kreiert stärkende Workbooks in ihrer Kreativschmiede.

Mit ihren Camps und Retreats in Niederösterreich/Gutenstein bietet sie Mamas, Kindern und Eltern auf einem Kraftplatz etwas Besonderes.

www.astridschneider.com

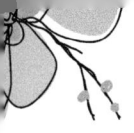 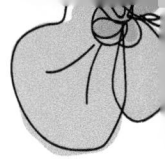

Ich bin genug

Welch inspirierende Aussage mit großartiger Wirkung! Sagen wir uns diese Worte öfter und beherzigen sie auch, werden sie uns helfen, ein positives Selbstbild aufzubauen und das eigene Selbstwertgefühl zu stärken. Wir lernen, uns selbst mit allen Kanten, Macken und Ecken anzunehmen. Das wiederum führt zu mehr Selbstvertrauen sowie Selbstliebe und wird uns helfen, Herausforderungen im Leben besser zu meistern. Es ist ein einfacher und dennoch so mächtiger Gedanke, der uns daran erinnert, dass wir wertvoll sind und es verdienen, uns selbst gegenüber liebevoll zu sein.

Irgendwann ist Jetzt!

Heute schlage ich ein neues Buch in meinem Leben auf und fülle es mit Selbstliebe, Achtsamkeit, meinen Wünschen, Vertrauen und Visionen!

Diese Reise zu dir selbst ist keine einfache Aufgabe! Es erfordert Mut, Geduld und Ausdauer, um sich mit seinen eigenen Gedanken und Emotionen auseinanderzusetzen. Aber wenn du bereit bist, dich auf diese Expedition zu begeben, wirst du belohnt werden mit einem besseren Verständnis von dir selbst, einem gestärkten Selbstbewusstsein und dem Erkennen deines vollen Potenzials.

30 Tage! Die Expedition zu dir selbst!

Schreib dich frei, schreib dir alles von der Seele und finde die innere Balance wieder. Gewinne Klarheit für deine nächsten Schritte und erkenne, dass alles, was du für ein Leben in Fülle und Glück benötigst, bereits in dir steckt.

Sieh dich, den Zauber deiner Schönheit und die Stärke, die in dir wohnt. <u>Denn DU bist wundervoll, genau so wie du bist.</u>

 # Anwendung:

Morgens & Abends:
Dieses Buch ist dein kleiner Begleiter, der dich morgens und abends unterstützt.
Beginne deinen Tag mit der ersten Seite – sie hilft dir, positiv und fokussiert in den Tag zu starten.

Am Abend darfst du die restlichen Seiten ausfüllen, um loszulassen, zu reflektieren und den Tag liebevoll abzuschließen. Schreib dich frei, gönne dir eine Auszeit für die Seele und genieße dieses besondere Ritual – nur für dich.

Im Leben braucht es den richtigen Raum,
die richtige Zeit und den Mut für den ersten Schritt
zur Veränderung.

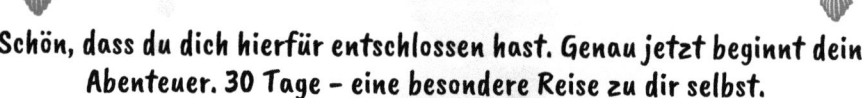

Schön, dass du dich hierfür entschlossen hast. Genau jetzt beginnt dein Abenteuer. 30 Tage – eine besondere Reise zu dir selbst.

Mit neuen Impulsen zu mehr Selbstliebe, Dankbarkeit und Selbstfindung wird dein Selbstwertgefühl gestärkt und du darfst dein volles Potenzial entdecken!

Dein neuer Begleiter bietet dir:
- Platz für deine Wünsche, Träume und Visionen
- inspirierende und motivierende Zitate
- powervolle Affirmationen
- reflektierende Fragen
- die Möglichkeit, deine Dankbarkeit zu trainieren

Dieses Ausfüllbuch gehört einer wundervollen Person namens:

_____

DATUM:

Beginne den Tag mit einem Lächeln und einem guten Gedanken!

ZUSTAND:

MOTIVIERENDER SPRUCH:

PRIORITÄTEN:

DAS GÖNNE ICH MIR HEUTE:

Was hast du heute besonders gut gemeistert?

_____
_____
_____
_____

Welches sind deine Stärken und Talente? Notiere mindestens 5:

_____
_____
_____
_____

Gehst du achtsam mit deinem Körper um? Was gönnst du ihm?

_____
_____
_____

Platz für Impulse, Gedanken, Wünsche und Träume:

"Sich selbst zu lieben ist der Beginn einer lebenslangen Romanze"
(Oscar Wilde)

Hierfür bin ich heute dankbar:

- _____   - _____

- _____   - _____

Das wünsche ich mir für morgen:

_____
_____
_____

DATUM:

Beginne den Tag mit einem Lächeln und einem guten Gedanken!

ZUSTAND: **MOTIVIERENDER SPRUCH:**

PRIORITÄTEN:

DAS GÖNNE ICH MIR HEUTE:

Was hast du heute besonders gut gemeistert?

Welches sind deine wichtigsten Werte?

Wie kannst du sicherstellen, dass du dein Leben danach ausrichtest?

Platz für Impulse, Gedanken, Wünsche und Träume:

Deine heutige Affirmation:
Ich glaub an mich!

Hierfür bin ich heute dankbar:

- _____
- _____
- _____
- _____

Das wünsche ich mir für morgen:

_____
_____
_____

DATUM:

Beginne den Tag mit einem Lächeln und einem guten Gedanken!

ZUSTAND:

MOTIVIERENDER SPRUCH:

PRIORITÄTEN:

DAS GÖNNE ICH MIR HEUTE:

Was hast du heute besonders gut gemeistert?

_____
_____
_____
_____

Wie akzeptierst du dich selbst trotz deiner Schwächen? Nenne ein Beispiel.

_____
_____
_____
_____
_____

Kennst du deine eigenen Grenzen und wie kannst du dich schützen?

_____
_____
_____
_____

Platz für Impulse, Gedanken, Wünsche und Träume:

"Niemand kann dich dazu bringen, dich ohne deine Zustimmung, minderwertig zu fühlen"
(Eleanor Roosevelt)

Hierfür bin ich heute dankbar:

- _____
- _____
- _____
- _____

Das wünsche ich mir für morgen:

_____
_____
_____

DATUM:

Beginne den Tag mit einem Lächeln und einem guten Gedanken!

ZUSTAND:

MOTIVIERENDER SPRUCH:

PRIORITÄTEN:

DAS GÖNNE ICH MIR HEUTE:

Was hast du heute besonders gut gemeistert?

_____
_____
_____
_____

Welches sind deine Träume und Ziele?

_____
_____
_____
_____

Wie kannst du sie am besten erreichen?

_____
_____
_____
_____

Platz für Impulse, Gedanken, Wünsche und Träume:

Deine heutige Affirmation:
Ich nehme mich an, so wie ich bin!

Hierfür bin ich heute dankbar:

- _____
- _____
- _____
- _____

Das wünsche ich mir für morgen:

_____
_____
_____

DATUM:

Beginne den Tag mit einem Lächeln und einem guten Gedanken!

ZUSTAND: **MOTIVIERENDER SPRUCH:**

PRIORITÄTEN:

DAS GÖNNE ICH MIR HEUTE:

Was hast du heute besonders gut gemeistert?

_____
_____
_____
_____

Welche Dinge hast du bereits erreicht und kannst deshalb sehr stolz auf dich sein?

_____
_____
_____
_____

**Was macht dich besonders und einzigartig?
Nenne 3-5 Merkmale:**

_____
_____
_____
_____

Platz für Impulse, Gedanken, Wünsche und Träume:

"Alle Träume können wahr werden,
wenn wir den Mut haben,
ihnen zu folgen"
(Walt Disney)

Hierfür bin ich heute dankbar:

- _____
- _____
- _____
- _____

Das wünsche ich mir für morgen:

_____
_____
_____

DATUM:

Beginne den Tag mit einem Lächeln und einem guten Gedanken!

ZUSTAND:

MOTIVIERENDER SPRUCH:

PRIORITÄTEN:

DAS GÖNNE ICH MIR HEUTE:

Was hast du heute besonders gut gemeistert?

_____
_____
_____
_____

Wie könntest du deinen Tag positiver beginnen?

_____
_____
_____
_____

Was könntest du verändern, um deinen Tag positiv zu beenden?

_____
_____
_____
_____

Platz für Impulse, Gedanken, Wünsche und Träume:

Deine heutige Affirmation:
Ich habe es verdient, glücklich zu sein!

Hierfür bin ich heute dankbar:

- _____
- _____
- _____
- _____

Das wünsche ich mir für morgen:

_____
_____
_____

DATUM:

Beginne den Tag mit einem Lächeln und einem guten Gedanken!

ZUSTAND:

MOTIVIERENDER SPRUCH:

PRIORITÄTEN:

DAS GÖNNE ICH MIR HEUTE:

Was hast du heute besonders gut gemeistert?

_____
_____
_____
_____

Wandle 3 deiner negativen Selbstgespräche in positive um?

_____
_____
_____
_____

Gibt es etwas, was du tun kannst, um deine Beziehungen zu anderen zu verbessern?

_____
_____
_____
_____

Platz für Impulse, Gedanken, Wünsche und Träume:

"Der beste Tag deines Lebens ist der, an dem du entscheidest, dass dein Leben dein eigenes ist."
(Bob Moawad)

Hierfür bin ich heute dankbar:

- _____
- _____
- _____
- _____

Das wünsche ich mir für morgen:

_____
_____
_____

DATUM:

Beginne den Tag mit einem Lächeln und einem guten Gedanken!

ZUSTAND:

MOTIVIERENDER SPRUCH:

PRIORITÄTEN:

DAS GÖNNE ICH MIR HEUTE:

Platz für Impulse, Gedanken, Wünsche und Träume:

Deine heutige Affirmation:
Ich gebe jeden Tag mein Bestmögliches!

Hierfür bin ich heute dankbar:

- _____
- _____
- _____
- _____

Das wünsche ich mir für morgen:

_____
_____
_____

DATUM:

Beginne den Tag mit einem Lächeln und einem guten Gedanken!

ZUSTAND:

MOTIVIERENDER SPRUCH:

PRIORITÄTEN:

DAS GÖNNE ICH MIR HEUTE:

Was hast du heute besonders gut gemeistert?

_____
_____
_____
_____

Kennst du deine Bedürfnisse? Nenne sie:

_____
_____
_____
_____

Wie sorgst du dafür, dass sie erfüllt werden?

_____
_____
_____
_____

Platz für Impulse, Gedanken, Wünsche und Träume:

"Den größten Fehler, den man im Leben machen kann, ist, immer Angst zu haben, einen Fehler zu machen"
(Dietrich Bonhoeffer)

Hierfür bin ich heute dankbar:

- _____
- _____
- _____
- _____

Das wünsche ich mir für morgen:

_____
_____
_____

DATUM:

Beginne den Tag mit einem Lächeln und einem guten Gedanken!

ZUSTAND:

MOTIVIERENDER SPRUCH:

PRIORITÄTEN:

DAS GÖNNE ICH MIR HEUTE:

Was hast du heute besonders gut gemeistert?

_____
_____
_____
_____

Folgst du deiner inneren Stimme, deinem Bauchgefühl? Nenne 1 Beispiel, wann du es getan hast und das Ereignis dich gestärkt hat?

_____
_____
_____
_____

Welches sind deine Erfolge der letzten Wochen?

_____
_____
_____
_____

Platz für Impulse, Gedanken, Wünsche und Träume:

Deine heutige Affirmation:
Ich kann alles schaffen!

Hierfür bin ich heute dankbar:

- _____   • _____
- _____   • _____

Das wünsche ich mir für morgen:

_____
_____
_____

DATUM:

Beginne den Tag mit einem Lächeln und einem guten Gedanken!

ZUSTAND:

MOTIVIERENDER SPRUCH:

PRIORITÄTEN:

DAS GÖNNE ICH MIR HEUTE:

Was hast du heute besonders gut gemeistert?

_____
_____
_____
_____

Kommunizierst du deine Bedürfnisse anderen gegenüber klar? Oder wurdest du von ihnen schon öfter enttäuscht?

_____
_____
_____
_____

Welche Selbstpflege-Routinen integrierst du in dein tägliches Leben, damit du dich besser fühlst?

_____
_____
_____
_____

Platz für Impulse, Gedanken, Wünsche und Träume:

_____
_____
_____
_____
_____
_____
_____
_____
_____
_____

"Und wenn du das Gefühl hast, dass gerade alles auseinander zu fallen scheint, bleibe ganz ruhig. Es sortiert sich nur neu"
(Unbekannt)

Hierfür bin ich heute dankbar:

- _____
- _____
- _____
- _____

Das wünsche ich mir für morgen:

_____
_____
_____

DATUM:

Beginne den Tag mit einem Lächeln und einem guten Gedanken!

ZUSTAND:

MOTIVIERENDER SPRUCH:

PRIORITÄTEN:

DAS GÖNNE ICH MIR HEUTE:

Was hast du heute besonders gut gemeistert?

_____
_____
_____
_____

Was sind deine größten Ängste, die dich daran hindern, dein Potenzial voll auszuschöpfen?

_____
_____
_____
_____

Wie kannst du sie überwinden, um das Leben zu führen, das dich glücklich macht?

_____
_____
_____
_____

Platz für Impulse, Gedanken, Wünsche und Träume:

Deine heutige Affirmation:
Ich gehe achtsam mit mir um!

Hierfür bin ich heute dankbar:

- _____
- _____
- _____
- _____

Das wünsche ich mir für morgen:

_____
_____
_____

DATUM:

Beginne den Tag mit einem Lächeln und einem guten Gedanken!

ZUSTAND:

MOTIVIERENDER SPRUCH:

PRIORITÄTEN:

DAS GÖNNE ICH MIR HEUTE:

Was hast du heute besonders gut gemeistert?

_____
_____
_____

Welches sind deine wichtigsten Beziehungen und wie kannst du sie pflegen und stärken?

_____
_____
_____
_____

Was magst du besonders an deinem eigenen Körper?

_____
_____
_____
_____

Platz für Impulse, Gedanken, Wünsche und Träume:

_____

_____

_____

_____

_____

_____

_____

_____

_____

_____

"Wo der Wille erwacht, dort ist schon fast etwas erreicht"
(Hugo von Hofmannsthal)

Hierfür bin ich heute dankbar:

- _____
- _____
- _____
- _____

Das wünsche ich mir für morgen:

_____
_____
_____

DATUM:

Beginne den Tag mit einem Lächeln und einem guten Gedanken!

ZUSTAND:

MOTIVIERENDER SPRUCH:

PRIORITÄTEN:

DAS GÖNNE ICH MIR HEUTE:

Was hast du heute besonders gut gemeistert?

_____
_____
_____
_____

Welche Fortschritte hast du in deinem Leben schon gemacht?

_____
_____
_____
_____

Wie haben sie dazu beigetragen, dich zu der Person zu machen, die du heute bist?

_____
_____
_____
_____

Platz für Impulse, Gedanken, Wünsche und Träume:

Deine heutige Affirmation:
Ich bin stolz auf mich!

Hierfür bin ich heute dankbar:

- _____
- _____
- _____
- _____

Das wünsche ich mir für morgen:

_____
_____
_____

DATUM:

Beginne den Tag mit einem Lächeln und einem guten Gedanken!

ZUSTAND:

MOTIVIERENDER SPRUCH:

PRIORITÄTEN:

DAS GÖNNE ICH MIR HEUTE:

Was hast du heute besonders gut gemeistert?

_____
_____
_____
_____

Was hindert dich daran, dich selbst zu akzeptieren und zu lieben?

_____
_____
_____
_____

Wie kannst du daran arbeiten, diese Hindernisse zu überwinden?

_____
_____
_____
_____

Platz für Impulse, Gedanken, Wünsche und Träume:

"Folge deinem Stern, sing dein Lied,
leuchte in deinen Farben und du wirst
sein wie das blühende Leben"
(Jochen Mariss)

Hierfür bin ich heute dankbar:

- _____
- _____
- _____
- _____

Das wünsche ich mir für morgen:

_____
_____
_____

DATUM:

Beginne den Tag mit einem Lächeln und einem guten Gedanken!

ZUSTAND:

MOTIVIERENDER SPRUCH:

PRIORITÄTEN:

DAS GÖNNE ICH MIR HEUTE:

Was hast du heute besonders gut gemeistert?

_____
_____
_____
_____

Wie behandelst du dich selbst im Vergleich zu anderen Menschen?

_____
_____
_____
_____

Wie oft ermutigst du dich selbst und sagst dir positive Dinge?

_____
_____
_____
_____

Platz für Impulse, Gedanken, Wünsche und Träume:

Deine heutige Affirmation:
Ich besitze wundervolle Talente!

Hierfür bin ich heute dankbar:

- _____
- _____
- _____
- _____

Das wünsche ich mir für morgen:

_____
_____
_____

DATUM:

Beginne den Tag mit einem Lächeln und einem guten Gedanken!

ZUSTAND:

MOTIVIERENDER SPRUCH:

PRIORITÄTEN:

DAS GÖNNE ICH MIR HEUTE:

Was hast du heute besonders gut gemeistert?

_____
_____
_____
_____

Welches sind die größten Herausforderungen, mit denen du in deinem Leben konfrontiert wurdest und wie hast du sie gemeistert?

_____
_____
_____
_____

Welche Dinge in deinem Leben machen dich glücklich und wie kannst du mehr davon in dein Leben integrieren?

_____
_____
_____
_____

Platz für Impulse, Gedanken, Wünsche und Träume:

"Mut steht am Anfang des Handelns, Glück am Ende"
(Demokrit)

Hierfür bin ich heute dankbar:

- _____
- _____
- _____
- _____

Das wünsche ich mir für morgen:

_____
_____
_____

DATUM:

Beginne den Tag mit einem Lächeln und einem guten Gedanken!

ZUSTAND:

MOTIVIERENDER SPRUCH:

PRIORITÄTEN:

DAS GÖNNE ICH MIR HEUTE:

Was hast du heute besonders gut gemeistert?

_____
_____
_____
_____
_____

Respektierst du deine eigenen Grenzen und achtest auf dich, ohne dich selbst zu überfordern oder ausbeuten zu lassen?

_____
_____
_____
_____
_____

Was sind die größten Lektionen, die du in deinem Leben gelernt hast und wie kannst du sie nutzen, um in der Zukunft besser zu werden?

_____
_____
_____
_____

Platz für Impulse, Gedanken, Wünsche und Träume:

Deine heutige Affirmation:
Ich glaube an mich und meine Träume!

Hierfür bin ich heute dankbar:

- _____
- _____
- _____
- _____

Das wünsche ich mir für morgen:

_____
_____
_____

DATUM:

Beginne den Tag mit einem Lächeln und einem guten Gedanken!

ZUSTAND:

MOTIVIERENDER SPRUCH:

PRIORITÄTEN:

DAS GÖNNE ICH MIR HEUTE:

Was hast du heute besonders gut gemeistert?

_____
_____
_____
_____

Wie gehst du mit Kritik und Herausforderungen um?

_____
_____
_____
_____

Was kannst du tun, um aus diesen Erfahrungen zu lernen und dich selbst zu stärken?

_____
_____
_____
_____

Platz für Impulse, Gedanken, Wünsche und Träume:

"Das Leben setzt keine Grenzen
außer jene,
welche du dir selbst auferlegst"
(Les Brown)

Hierfür bin ich heute dankbar:

- _____
- _____
- _____
- _____

Das wünsche ich mir für morgen:

_____
_____
_____

DATUM:

Beginne den Tag mit einem Lächeln und einem guten Gedanken!

ZUSTAND:

MOTIVIERENDER SPRUCH:

PRIORITÄTEN:

DAS GÖNNE ICH MIR HEUTE:

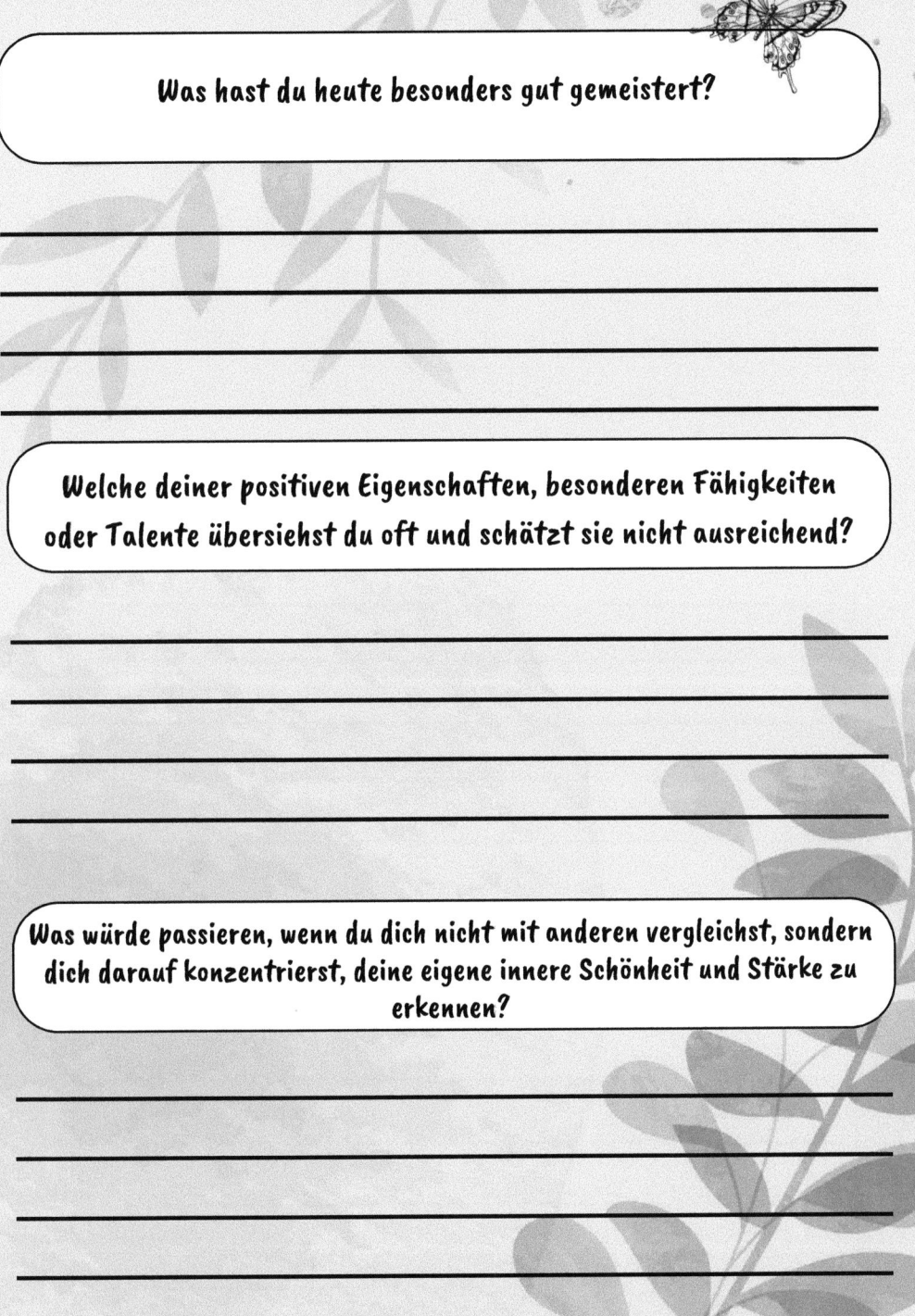

Was hast du heute besonders gut gemeistert?

_____
_____
_____
_____

Welche deiner positiven Eigenschaften, besonderen Fähigkeiten oder Talente übersiehst du oft und schätzt sie nicht ausreichend?

_____
_____
_____
_____

Was würde passieren, wenn du dich nicht mit anderen vergleichst, sondern dich darauf konzentrierst, deine eigene innere Schönheit und Stärke zu erkennen?

_____
_____
_____
_____

Platz für Impulse, Gedanken, Wünsche und Träume:

Deine heutige Affirmation:
Ich darf auch mal NEIN sagen!

Hierfür bin ich heute dankbar:

- _____
- _____
- _____
- _____

Das wünsche ich mir für morgen:

DATUM:

Beginne den Tag mit einem Lächeln und einem guten Gedanken!

ZUSTAND:

MOTIVIERENDER SPRUCH:

PRIORITÄTEN:

DAS GÖNNE ICH MIR HEUTE:

Was hast du heute besonders gut gemeistert?

_____
_____
_____
_____

Nenne eine Eigenschaft an dir, worauf du besonders stolz bist:

_____
_____
_____
_____

Nenne ein Ereignis aus deinem Leben, worauf du besonders stolz bist:

_____
_____
_____
_____

Platz für Impulse, Gedanken, Wünsche und Träume:

"Alle Träume können wahr werden, wenn wir den Mut haben, ihnen zu folgen"
(Walt Disney)

Hierfür bin ich heute dankbar:

- _____
- _____
- _____
- _____

Das wünsche ich mir für morgen:

_____
_____
_____

DATUM:

Beginne den Tag mit einem Lächeln und einem guten Gedanken!

ZUSTAND: **MOTIVIERENDER SPRUCH:**

PRIORITÄTEN:

DAS GÖNNE ICH MIR HEUTE:

Was hast du heute besonders gut gemeistert?

_____

_____

_____

_____

Was ist es genau, was dich glücklich macht?

_____

_____

_____

_____

Was schätzt dein Familie, schätzen deine Freunde und/oder Kollegen besonders an dir?

_____

_____

_____

_____

Platz für Impulse, Gedanken, Wünsche und Träume:

Deine heutige Affirmation:
Ich darf so sein, wie ich bin!

Hierfür bin ich heute dankbar:

- _____
- _____
- _____
- _____

Das wünsche ich mir für morgen:

_____
_____
_____

DATUM:

Beginne den Tag mit einem Lächeln und einem guten Gedanken!

ZUSTAND:

MOTIVIERENDER SPRUCH:

PRIORITÄTEN:

DAS GÖNNE ICH MIR HEUTE:

Was hast du heute besonders gut gemeistert?

_____
_____
_____
_____

Akzeptierst und respektierst du deine eigenen Erfahrungen und Gefühle, ohne sie zu verdrängen oder zu unterdrücken? Nenne 2 Beispiele:

_____
_____
_____
_____

Was tut dir gut, wenn du traurig bist oder an dir zweifelst?

_____
_____
_____
_____

Platz für Impulse, Gedanken, Wünsche und Träume:

"Sei eine erstklassige Ausgabe deiner selbst, keine zweitklassige von jemand anderem"
(Judy Garland)

Hierfür bin ich heute dankbar:

- _____
- _____
- _____
- _____

Das wünsche ich mir für morgen:

_____
_____
_____

DATUM:

Beginne den Tag mit einem Lächeln und einem guten Gedanken!

ZUSTAND:

MOTIVIERENDER SPRUCH:

PRIORITÄTEN:

DAS GÖNNE ICH MIR HEUTE:

Was hast du heute besonders gut gemeistert?

_____
_____
_____
_____

Welche 3 Situationen in deinem Leben waren etwas ganz Besonderes und Unvergessliches?

_____
_____
_____
_____

Wie würden dich deine Freunde beschreiben? Was würden sie über dich sagen?

_____
_____
_____
_____

Platz für Impulse, Gedanken, Wünsche und Träume:

Deine heutige Affirmation:
Ich nehme mir Zeit für mich!

Hierfür bin ich heute dankbar:

- _____
- _____
- _____
- _____

Das wünsche ich mir für morgen:

_____
_____
_____

DATUM:

Beginne den Tag mit einem Lächeln und einem guten Gedanken!

ZUSTAND:

MOTIVIERENDER SPRUCH:

PRIORITÄTEN:

DAS GÖNNE ICH MIR HEUTE:

Was hast du heute besonders gut gemeistert?

_____
_____
_____
_____

Was konkret wünschst du dir von deinem Herzmenschen oder deinen Arbeitskollegen?

_____
_____
_____
_____

Hast du es jemals klar mit ihnen kommuniziert?

_____
_____
_____
_____

Platz für Impulse, Gedanken, Wünsche und Träume:

"Die Belohnung für Anpassung ist,
dass jeder dich mag,
außer du dich selbst"
(Rita Mae Brown)

Hierfür bin ich heute dankbar:

- _____
- _____
- _____
- _____

Das wünsche ich mir für morgen:

_____
_____
_____

DATUM:

Beginne den Tag mit einem Lächeln und einem guten Gedanken!

ZUSTAND: **MOTIVIERENDER SPRUCH:**

PRIORITÄTEN:

DAS GÖNNE ICH MIR HEUTE:

Was hast du heute besonders gut gemeistert?

_____
_____
_____
_____

Achtest du auf deine Gedanken? Ersetze 5 negative durch 5 positive:

_____
_____
_____
_____

Respektierst und liebst du dich selbst, unabhängig von der Meinung anderer Menschen oder gesellschaftlicher Erwartungen?

_____
_____
_____
_____

Platz für Impulse, Gedanken, Wünsche und Träume:

Deine heutige Affirmation:
Ich werde geliebt, mit all meinen
Stärken und Schwächen!

Hierfür bin ich heute dankbar:

- _____
- _____
- _____
- _____

Das wünsche ich mir für morgen:

_____
_____
_____

DATUM:

Beginne den Tag mit einem Lächeln und einem guten Gedanken!

ZUSTAND:

MOTIVIERENDER SPRUCH:

PRIORITÄTEN:

DAS GÖNNE ICH MIR HEUTE:

Was hast du heute besonders gut gemeistert?

_____
_____
_____
_____
_____

Was belastet dich momentan? Was kannst du tun, um das zu ändern?

_____
_____
_____
_____
_____

Wie verbringst du deine Freizeit? Gibt es darin genügend Ruhephasen und Zeit für dich selbst?

_____
_____
_____
_____

Platz für Impulse, Gedanken, Wünsche und Träume:

"Wir dürfen uns nicht durch die begrenzten Vorstellungen anderer Leute definieren lassen"
(Virginia Satir)

Hierfür bin ich heute dankbar:

- _____
- _____
- _____
- _____

Das wünsche ich mir für morgen:

_____
_____
_____

DATUM:

Beginne den Tag mit einem Lächeln und einem guten Gedanken!

ZUSTAND: **MOTIVIERENDER SPRUCH:**

PRIORITÄTEN:

DAS GÖNNE ICH MIR HEUTE:

Was hast du heute besonders gut gemeistert?

_____
_____
_____
_____

Manchmal sehen einen Fremde mit anderen Augen! Gab es eine tolle Situation oder einen Satz eines Anderen, der dich verblüfft, begeistert oder berührt hat?

_____
_____
_____
_____

Priorisiere deine eigenen Bedürfnisse und Wünsche, ohne dich schuldig zu fühlen oder dich von anderen beeinflussen zu lassen:

_____
_____
_____
_____

Platz für Impulse, Gedanken, Wünsche und Träume:

_____
_____
_____
_____
_____
_____
_____
_____
_____
_____

Deine heutige Affirmation:
Ich bin wertvoll!

Hierfür bin ich heute dankbar:

- _____
- _____
- _____
- _____

Das wünsche ich mir für morgen:

_____
_____
_____

DATUM:

Beginne den Tag mit einem Lächeln und einem guten Gedanken!

ZUSTAND:

MOTIVIERENDER SPRUCH:

PRIORITÄTEN:

DAS GÖNNE ICH MIR HEUTE:

Was hast du heute besonders gut gemeistert?

_____
_____
_____

Erinnere dich an 2 Fehlschritte in deinem Leben, durch die du im Nachhinein sehr viel gelernt hast:

_____
_____
_____
_____

Welches war das größte Geschenk, das du dir selbst gemacht hast?

_____
_____
_____
_____

Platz für Impulse, Gedanken, Wünsche und Träume:

"Niemand ist vollkommen. Glück heißt, seine Grenzen kennen und sie lieben"
(Romain Rolland)

Hierfür bin ich heute dankbar:

- _____
- _____
- _____
- _____

Das wünsche ich mir für morgen:

_____
_____
_____

DATUM:

Beginne den Tag mit einem Lächeln und einem guten Gedanken!

ZUSTAND:

MOTIVIERENDER SPRUCH:

PRIORITÄTEN:

DAS GÖNNE ICH MIR HEUTE:

Was hast du heute besonders gut gemeistert?

_____
_____
_____
_____

Gibt es negative Gedanken, Menschen oder Situationen, von denen du dich lösen solltest, um deine eigene Energie und Lebensfreude zu fördern?

_____
_____
_____
_____

Welchen mutigen Schritt hast du gewagt und was durftest du dadurch erfahren sowie lernen?

_____
_____
_____
_____

Platz für Impulse, Gedanken, Wünsche und Träume:

Deine heutige Affirmation:
Ich darf mir
und anderen verzeihen!

Hierfür bin ich heute dankbar:

- _____
- _____
- _____
- _____

Das wünsche ich mir für morgen:

_____
_____
_____

Weitere Bücher von mir!

Für Kinder:

Einfach QR Code scannen und meine Bücher entdecken.

Für Erwachsene:

Hat es dir gefallen?
Dann bewerte dieses Buch.

https://www.amazon.de/ryp

Scanne mich:

Deine Meinung ist mir wichtig, deshalb freue ich mich, wenn du das Buch bewertest. Dazu kannst du einfach den QR Code scannen.

Feedback und Anmerkungen gerne an:
info@astridschneider.com

Impressum:
Deutschsprachige Erstausgabe 08/2024
ISBN Taschenbuch: 9783384 443823

Copyright © 2024 AS Verlag
Vertreten durch: Astrid Schneider, Längapiesting 39, 2770 Gutenstein, Österreich
www.astridschneider.com

Grafikerin: Laura Gemmeke www.lauragemmeke.com
Illustrationen: Canva, midjourney (alle Lizenzen vorhanden)

Alle Rechte vorbehalten.
Nachdruck, auch auszugsweise, nicht gestattet.
Das Werk, einschließlich seiner Teile, ist urheberrechtlich geschützt. Jede Verwertung ist ohne Zustimmung des Verlages und der Autorin unzulässig. Dies gilt insbesondere für die elektronische oder sonstige Vervielfältigung, Übersetzung, Verbreitung und öffentliche Zugänglichmachung.